petits pratiques
cuisine

Millefeuilles

Nicole Seeman

Photos : Philippe Vaurès-Santamaria
Stylisme : John Bentham

HACHETTE
Pratique

Sommaire

Signification des symboles

★ très facile
★★ facile
★★★ difficile

€ bon marché
€€ raisonnable
€€€ cher

Cuisson de la pâte feuilletée

Préparation **5 minutes** | Cuisson **15 à 20 minutes**

1 **Cuisson de la pâte :** préchauffez le four à 200 °C (th. 6-7). Coupez la pâte feuilletée en morceaux de la forme désirée.

2 Posez les morceaux de pâte feuilletée sur une plaque recouverte de papier sulfurisé. Recouvrez-les d'une autre feuille de papier sulfurisé.

3 Enfournez la plaque en posant par-dessus une autre plaque pour que la pâte gonfle régulièrement. Faites cuire 15 min. Vérifiez la cuisson et remettez quelques minutes au four, sans rien par-dessus pour que la pâte soit bien dorée. Laissez ensuite refroidir.

4 **Caramélisation de la pâte au sucre glace (si c'est indiqué dans la recette) :** passez le four en mode gril. Saupoudrez la pâte de sucre glace et passez-la quelques secondes sous le gril. Surveillez bien cette étape pour éviter que la pâte ne brûle.

5 **Dorure de la pâte au jaune d'œuf (si c'est indiqué dans la recette) :** badigeonnez la pâte de jaune d'œuf et repassez-la environ 3 min au four jusqu'à ce qu'elle soit bien brillante. Surveillez bien cette étape pour éviter que la pâte ne brûle.

Millefeuilles classiques

Pour **6 personnes** | Préparation **15 minutes** | Cuisson **50 minutes**
Difficulté ★★ | Coût €

- 2 rouleaux de pâte feuilletée
- 2 cuil. à soupe de sucre glace

Pour la crème pâtissière

- 100 g de sucre en poudre
- 4 jaunes d'œufs
- 50 g de farine
- 50 cl de lait

1 Coupez la pâte feuilletée en 18 rectangles d'environ 10 cm sur 5 cm. Faites-les cuire comme indiqué p. 5 en les faisant caraméliser avec le sucre glace. Procédez en deux fois si nécessaire.

2 Préparez la crème pâtissière. Fouettez le sucre avec les jaunes d'œufs jusqu'à ce que le mélange devienne jaune pâle et mousseux. Ajoutez la farine et mélangez.

3 Faites bouillir le lait dans une casserole. Dès l'ébullition, retirez-le du feu et versez-en environ un quart en petit filet sur le mélange à l'œuf, en fouettant constamment. Versez plus rapidement le reste du lait et mélangez.

4 Reversez cette crème dans la casserole et faites chauffer à nouveau jusqu'à ébullition tout en remuant. Quand la crème épaissit et fait des bulles, prolongez la cuisson d'environ 2 min. Versez tout de suite la crème dans un plat, couvrez-la d'un film alimentaire posé directement sur la surface de la crème, puis laissez refroidir.

5 Montez les millefeuilles en alternant 3 couches de pâte feuilletée avec 2 couches de crème pâtissière. Saupoudrez-les de sucre glace.

Conseil Vous pouvez aromatiser la crème pâtissière avec un peu de rhum ou de vanille et glacer le millefeuille avec un peu de sucre glace mélangé avec de l'eau.

Millefeuilles au chocolat et au gingembre

Pour **6 personnes** | Préparation **15 minutes** | Cuisson **45 minutes**
Difficulté ★ | Coût €

- 2 rouleaux de pâte feuilletée
- 300 g de chocolat noir
- 1 morceau de gingembre frais d'environ 2 cm
- 35 cl de crème liquide
- 3 cuil. à soupe de chocolat en poudre non sucré (facultatif)

1 Coupez la pâte feuilletée en 18 rectangles d'environ 10 cm sur 5 cm. Faites-les cuire comme indiqué p. 5. Procédez en deux fois si nécessaire.

2 Cassez le chocolat en petits morceaux et mettez-le dans un bol. Coupez le gingembre en tranches fines.

3 Faites cuire la crème à feu très doux pendant 5 min avec les tranches de gingembre, puis faites-la bouillir. Dès l'ébullition, versez-la à travers une passoire sur le chocolat. Laissez reposer quelques instants pour que le chocolat commence à fondre puis mélangez.

4 Attendez que la crème au chocolat se solidifie un peu. Versez-la dans une poche à douille si vous en avez une.

5 Au moment de servir, montez les millefeuilles en alternant 3 couches de pâte avec 2 couches de crème au chocolat. Étalez la crème avec la poche à douille ou à défaut, avec une cuillère. Saupoudrez les millefeuilles de chocolat en poudre.

Conseil Si vous n'aimez pas le goût du gingembre, vous pouvez préparer cette recette sans en ajouter dans la crème.

Millefeuilles au mascarpone et aux fraises

Pour **4 personnes** | Préparation **30 minutes** | Cuisson **10 minutes**
Difficulté ★★ | Coût €

- 3 feuilles de brick
- 20 g de beurre
- 200 g de mascarpone
- 3 blancs d'œufs
- 50 g de sucre glace (ou sucre en poudre)
- 400 g de fraises

1 Préchauffez le four à 150 °C (th. 5). Coupez les feuilles de brick de façon à obtenir 12 carrés d'environ 10 cm de côté. Faites fondre le beurre à feu doux.

2 Posez les feuilles de brick sur une plaque antiadhésive ou une feuille de papier sulfurisé. Badigeonnez-les avec le beurre fondu. Faites-les cuire environ 5 min, jusqu'à ce qu'elles soient légèrement dorées. Procédez en deux fois si nécessaire.

3 Fouettez le mascarpone pour le rendre plus souple. Montez les blancs d'œufs en neige puis ajoutez le sucre glace et fouettez à nouveau. Incorporez délicatement les œufs en neige dans le mascarpone.

4 Équeutez les fraises. Au moment de servir, montez les millefeuilles en étalant la moitié du mélange au mascarpone sur 8 feuilles de brick, puis la moitié des fraises, empilez-les deux par deux et posez dessus les 4 feuilles de brick restantes. Saupoudrez-les de sucre glace.

Conseil Vous pouvez remplacer le mascarpone par du fromage frais type Saint Môret.

Millefeuilles à la crème au citron

Pour **6 personnes** | Préparation **15 minutes** | Cuisson **50 minutes**
Difficulté ★★ | Coût €

- 2 rouleaux de pâte feuilletée
- 2 cuil. à soupe de sucre glace + du sucre glace pour la décoration
- 20 cl de crème liquide
- 4 citrons
- 150 g de beurre
- 180 g de sucre en poudre
- 3 œufs entiers + 3 jaunes

1 Coupez la pâte feuilletée en 18 rectangles d'environ 10 cm sur 5 cm. Faites-les cuire comme indiqué p. 5 en les faisant caraméliser avec le sucre glace. Procédez en deux fois si nécessaire.

2 Placez au frais la crème liquide, le bol et les ustensiles pour fouetter la crème.

3 Pressez les citrons. Mettez le beurre, le sucre, le jus de citron, les œufs entiers et les jaunes dans une casserole. Faites bouillir en remuant avec un fouet.

4 Quand la crème bout et qu'elle commence à épaissir (au bout de 7 à 8 min environ), retirez-la du feu et versez-la dans un bol en la passant à travers un chinois. Laissez-la refroidir.

5 Fouettez la crème liquide au fouet électrique jusqu'à ce qu'elle forme des pics. Incorporez-la délicatement dans la crème au citron.

6 Au moment de servir, montez les millefeuilles en alternant 3 couches de pâte feuilletée avec 2 couches de crème au citron. Saupoudrez-les de sucre glace.

Conseil Vous pouvez décorer ces millefeuilles avec quelques zestes de citron.

Millefeuilles aux figues, à la crème d'amandes

Pour **4 personnes** | Préparation **15 minutes** | Cuisson **20 minutes**
Difficulté ★ | Coût €

- 2 rouleaux de pâte feuilletée
- 50 g de beurre
- 50 g de sucre
- 1 œuf
- 80 g d'amandes en poudre
- 12 figues fraîches

1 Coupez la pâte feuilletée en 12 rectangles d'environ 10 cm sur 5 cm. Faites-les cuire comme indiqué p. 5 pendant 15 min.

2 Écrasez le beurre à la fourchette pour qu'il devienne très mou. Mélangez le beurre et le sucre. Ajoutez l'œuf en mélangeant au fouet. Ajoutez la poudre d'amandes en mélangeant à nouveau. Placez le mélange au réfrigérateur.

3 Sortez les pâtes feuilletées du four, laissez-les bien refroidir, puis couvrez-en 8 de crème d'amandes et remettez-les toutes au four pendant 5 min.

4 Coupez le pédoncule des figues puis coupez-les chacune en 3 tranches. Sortez à nouveau les feuilletés du four. Au moment de servir, montez chaque millefeuille en posant 4 tranches de figues sur de la pâte avec la crème d'amandes, recommencez et terminez avec un morceau de pâte feuilletée sans crème d'amandes. Décorez de quelques morceaux de figues.

Conseil Vous pouvez servir ces millefeuilles avec de la glace à la pistache.

Millefeuilles de petits gâteaux et glace, sauce chocolat

Pour **4 personnes** | Préparation **15 minutes** | Cuisson **5 minutes**
Difficulté ★ | Coût €

- 50 cl de glace d'un ou deux parfums de votre choix, par exemple vanille et pistache
- 24 petits gâteaux type petits-beurre
- 50 g de chocolat noir
- 10 cl de lait
- Des vermicelles colorés en chocolat pour la décoration (facultatif)

1 Faites ramollir la glace à température ambiante. Montez 8 millefeuilles en étalant délicatement une couche de glace d'environ 2 cm sur 8 gâteaux, recommencez et terminez par un gâteau.

2 Au moment de servir, faites fondre le chocolat au micro-ondes ou au bain-marie. Faites chauffer le lait. Versez le lait chaud sur le chocolat en remuant. Parsemez de vermicelles. Servez 2 millefeuilles par personne, avec la sauce au chocolat à côté.

Conseil Vous pouvez préparer les millefeuilles quelques heures à l'avance et les conserver au congélateur, enveloppés dans du film alimentaire.

Millefeuilles à la crème de dattes

Pour **4 personnes** | Préparation **15 minutes** | Cuisson **15 minutes**
Difficulté ★ | Coût €

- 2 feuilles de brick
- 400 g de dattes
- 4 cuil. à soupe d'eau de fleur d'oranger
- 80 g de beurre + 2 noix de beurre pour dorer les feuilles de brick
- Du sucre glace

1 Préchauffez le four à 150 °C (th. 5). Coupez chaque feuille de brick en 6 triangles. Posez-les sur une feuille de papier sulfurisé ou sur une plaque antiadhésive.

2 Faites fondre les 2 noix de beurre à feu doux dans une petite casserole. Étalez le beurre fondu sur les feuilles de brick avec un pinceau. Mettez-les au four pendant environ 5 min jusqu'à ce qu'elles soient bien dorées. Procédez en deux fois si nécessaire. Surveillez la cuisson pour ne pas qu'elles brûlent.

3 Coupez les dattes en deux et dénoyautez-les. Hachez-les grossièrement au mixeur ou au couteau. Mettez-les dans une poêle avec l'eau de fleur d'oranger et les 80 g de beurre. Versez de l'eau dans la poêle, juste pour les couvrir. Mettez à chauffer à feu moyen. Remuez de temps en temps et retirez du feu quand le liquide est absorbé. Cette opération prend 5 à 10 min.

4 Au moment de servir, montez les millefeuilles en alternant 3 triangles de brick avec 2 couches de crème de dattes. Saupoudrez-les de sucre glace et décorez-les selon votre envie.

Conseil Si vous préparez la crème de dattes à l'avance, au moment de servir, faites-la réchauffer doucement avec un peu d'eau pour qu'elle soit bien moelleuse.

Millefeuilles tout pomme au caramel laitier

Pour **4 personnes** | Préparation **15 minutes** | Cuisson **1 heure et 15 minutes**
Difficulté ★★ | Coût €

- 4 grosses pommes Granny
- 100 g de sucre
- 10 cl de crème liquide
- 20 g de beurre

1 Préchauffez le four à 100 °C (th. 3-4). Lavez les pommes mais ne les pelez pas. Coupez 3 tranches très fines au milieu de chaque pomme avec un couteau de cuisine bien affûté. Posez-les sur une plaque recouverte de papier sulfurisé et enfournez-les entre 1 h et 1 h 15 min, en les surveillant, jusqu'à ce qu'elles soient desséchées.

2 Faites fondre le sucre à feu vif dans une casserole à fond épais, en le surveillant bien. Retirez la casserole du feu dès que le caramel commence à prendre une couleur dorée. Versez la crème liquide et remuez jusqu'à ce que le mélange soit lisse. Versez-le dans un bol.

3 Pelez les pommes restantes, retirez le trognon et coupez-les en petits dés. Faites fondre le beurre dans une poêle à feu moyen. Versez-y les pommes et faites-les revenir 5 min, jusqu'à ce qu'elles soient dorées.

4 Au moment de servir, montez les millefeuilles. Posez 4 tranches de pommes séchées sur 4 assiettes. Répartissez la moitié des dés de pommes dessus. Versez un peu de caramel par-dessus, puis 4 autres tranches de pommes séchées, les dés restants et à nouveau du caramel. Terminez avec une tranche de pomme séchée.

5 Pour servir, versez un filet de caramel autour de chaque millefeuille. Décorez-les de quelques morceaux de pommes et d'une pointe de caramel.

Millefeuilles de sablés au chocolat et bananes

Pour **6 personnes** | Préparation **15 minutes** | Cuisson **30 minutes**
Difficulté ★★ | Coût €

- 100 g de sucre
- 275 g de farine
- 50 g de cacao en poudre non sucré
- 200 g de beurre
- 3 jaunes d'œufs
- 300 g de fromage frais type Saint Môret
- 6 cuil. à soupe de miel
- 6 bananes

1 Préchauffez le four à 150 °C (th. 5). Mélangez le sucre, la farine et le cacao en poudre. Ajoutez le beurre en petits morceaux et mélangez avec les doigts, jusqu'à ce que ce soit homogène. Ajoutez enfin les jaunes d'œufs et mélangez à nouveau.

2 Sur une plaque recouverte de papier sulfurisé, formez 6 fins disques de pâte d'environ 10 cm de diamètre. Enfournez pour 15 min de cuisson. Laissez-les tiédir et retirez-les délicatement avec une spatule. Recommencez pour obtenir 12 disques. Mélangez le fromage frais et le miel.

3 Au moment de servir, pelez et coupez les bananes en tranches. Étalez le fromage frais au miel sur les disques de pâte. Répartissez les tranches de bananes par-dessus. Empilez-les par deux pour former les millefeuilles.

Conseil Pour renforcer le goût du chocolat, vous pouvez parsemer des copeaux de chocolat noir sur les bananes.

Millefeuilles express à la brioche, à la chantilly et à la confiture

Pour **4 personnes** | Préparation **5 minutes** | Cuisson **5 minutes**
Difficulté ★ | Coût €

- 12 fines tranches de brioche
- Du beurre
- De la confiture
- 1 bombe de crème Chantilly
- Du sucre glace

1 Faites toaster les tranches de brioche. Beurrez-en 8 et tartinez-les de confiture de votre choix. Pulvérisez de la chantilly sur les tranches de brioche enduites de confiture.

2 Montez les millefeuilles en superposant 2 tranches de brioche garnies et terminez avec une tranche de brioche nature. Saupoudrez-les de sucre glace.

Conseil Vous pouvez remplacer la confiture par du Nutella ou de la crème de marrons.

Millefeuilles aux fruits exotiques et lait de coco

Pour **6 personnes** | Préparation **20 minutes** | Cuisson **50 minutes**
Difficulté ★★ | Coût €

- 2 rouleaux de pâte feuilletée
- 2 cuil. à soupe de sucre glace
- 2 mangues
- 4 kiwis
- 100 g de sucre
- 2 œufs entiers + 2 jaunes
- 50 g de farine
- 50 cl de lait de coco

1 Coupez chaque rouleau de pâte feuilletée en 9 rectangles d'environ 10 cm sur 5 cm. Faites-les cuire comme indiqué p. 5 et faites-les caraméliser avec le sucre glace. Procédez en deux fois si nécessaire. Pelez les mangues et les kiwis et coupez leur chair en petits dés.

2 Préparez la crème pâtissière au lait de coco. Fouettez le sucre avec les œufs entiers et les jaunes. Ajoutez la farine et mélangez.

3 Faites bouillir le lait de coco dans une casserole. Quand il bout, retirez-le du feu et versez-en environ un quart en petit filet sur le mélange à l'œuf, en fouettant constamment. Versez plus rapidement le reste du lait et mélangez.

4 Reversez cette crème dans la casserole et faites chauffer à nouveau jusqu'à ébullition en remuant. Dès que la crème épaissit et fait des bulles, continuez à la faire cuire environ 2 min. Versez-la tout de suite dans un plat, couvrez d'un film plastique posé directement à la surface de la crème, et laissez refroidir.

5 Au moment de servir, montez les millefeuilles en alternant une part de pâte feuilletée, une couche de crème au lait de coco, des dés de fruits. Recommencez pour former un deuxième étage et terminez avec une part de pâte feuilletée.

Millefeuilles aux pêches rôties

Pour **4 personnes** | Préparation **20 minutes** | Cuisson **50 minutes**
Difficulté ★ | Coût €

- 2 rouleaux de pâte feuilletée
- 1 jaune d'œuf
- 4 pêches
- 20 g de beurre
- 4 cuil. à soupe de sucre roux
- 1 petit pot de crème fraîche épaisse (pour accompagner)

1 Préchauffez le four à 200 °C (th. 6-7). Coupez la pâte feuilletée en 12 rectangles d'environ 10 cm sur 5 cm. Faites-les cuire comme indiqué p. 5 en les dorant avec le jaune d'œuf.

2 Sans les peler, coupez les pêches en 8 quartiers puis chaque quartier en trois dans la largeur. Mettez les morceaux dans un plat allant au four. Coupez le beurre en lamelles et répartissez-les sur les pêches. Saupoudrez de sucre roux.

3 Enfournez et laissez cuire 30 min, en remuant de temps en temps pour bien enrober les pêches de leur jus. Laissez tiédir.

4 Au moment de servir, montez les millefeuilles en alternant 3 rectangles de pâte feuilletée avec 2 couches de pêches rôties. Servez avec la crème fraîche.

Conseil Vous pouvez réaliser cette recette avec des abricots (3 par personne). Si vous avez fait cuire les pêches quelques heures à l'avance, réchauffez-les légèrement avant de monter les millefeuilles.

Millefeuilles géant au miel et à la poire

Pour **4 personnes** | Préparation **20 minutes** | Cuisson **20 minutes**
Difficulté ★★ | Coût €

- 3 feuilles de pâte filo
- 15 cl de crème liquide
- 30 g de beurre
- 50 g de sucre en poudre
- 1 œuf entier + 1 jaune
- 25 g de farine
- 1 gousse de vanille
- 25 cl de lait
- 3 poires
- 4 cuil. à soupe de miel

1 Préchauffez le four à 200 °C (th. 6-7). Placez au frais la crème liquide, un bol et les ustensiles pour fouetter. Faites fondre le beurre à feu doux. Badigeonnez-en les feuilles de filo et pliez-les délicatement en trois dans la longueur. Badigeonnez-les à nouveau. Faites-les cuire 5 min jusqu'à ce qu'elles soient bien dorées.

2 Fouettez le sucre avec l'œuf entier et le jaune. Ajoutez la farine et mélangez. Coupez la gousse de vanille en deux et récupérez les graines. Faites bouillir le lait avec les graines. Dès l'ébullition, retirez-le du feu et versez-en un quart en petit filet sur le mélange à l'œuf tout en fouettant. Versez plus rapidement le reste du lait et mélangez.

3 Reversez cette crème dans la casserole et faites chauffer jusqu'à ébullition tout en remuant. Quand la crème épaissit et fait des bulles, faites-la encore cuire environ 2 min. Versez-la dans un plat, couvrez d'un film plastique posé à la surface de la crème, et laissez refroidir. Fouettez ensuite la crème liquide jusqu'à ce qu'elle forme des pics. Incorporez-la à la crème cuite. Pelez les poires, retirez-en le trognon et coupez-les en dés. Faites-les revenir 5 min à feu vif dans une poêle avec le miel.

4 Au moment de servir, montez le millefeuille. Étalez la moitié de la crème sur une des feuilles de pâte, puis répartissez la moitié des poires. Recommencez pour le deuxième étage et terminez avec une feuille de pâte.

Millefeuilles à la rose

Pour **4 personnes** | Préparation **20 minutes** | Cuisson **50 minutes**
Difficulté ★★ | Coût €

- 2 rouleaux de pâte feuilletée
- 2 cuil. à soupe de sucre glace
- 1 feuille de gélatine
- 85 g de sucre en poudre
- 2 œufs entiers + 1 blanc
- 25 g de farine
- 25 cl de lait
- 3 cuil. à soupe d'eau de rose
- 4 loukoums à la rose (facultatif)
- 16 litchis frais ou en boîte
- Sel

1 Découpez chaque rouleau de pâte feuilletée en 6 en formant des petits cœurs. Faites-les cuire comme indiqué p. 5 et faites-les caraméliser au sucre glace. Mettez la gélatine à tremper dans de l'eau froide.

2 Fouettez 50 g de sucre avec 1 œuf entier et 1 jaune. Ajoutez la farine et mélangez. Faites bouillir le lait dans une casserole. Quand il bout, retirez-le du feu et versez-en environ un quart en petit filet sur le mélange à l'œuf, en fouettant constamment. Versez plus rapidement le reste du lait et mélangez.

3 Reversez cette crème dans la casserole et faites-la chauffer à nouveau jusqu'à ébullition en remuant. Dès qu'elle épaissit et fait des bulles, continuez à la faire cuire environ 2 min puis retirez-la du feu. Ajoutez la feuille de gélatine bien égouttée, l'eau de rose et mélangez. Versez dans un plat, couvrez d'un film plastique posé directement à la surface de la crème, puis laissez refroidir.

4 Montez en neige les deux blancs d'œufs restants avec une pincée de sel. Quand ils commencent à devenir fermes, ajoutez 35 g de sucre petit à petit en fouettant jusqu'à ce qu'ils soient très brillants. Incorporez-les à la crème. Coupez les loukoums et la chair des litchis en dés.

5 Au moment de servir, montez les millefeuilles. Étalez la moitié de la crème sur quatre cœurs de pâte, puis répartissez dessus la moitié des litchis et des loukoums. Recommencez et terminez avec un cœur de pâte.

Millefeuilles à la mousse de chocolat blanc et aux groseilles

Pour **4 personnes** | Préparation **15 minutes** | Cuisson **15 minutes**
Réfrigération **30 minutes**
Difficulté ★ | Coût €

- 3 feuilles de pâte filo
- 25 cl de crème fraîche épaisse
- 20 g de beurre
- 140 g de chocolat blanc
- 300 g de groseilles
- Du sucre glace

1 Préchauffez le four à 200 °C (th. 6-7). Placez au frais la crème, le bol et les ustensiles pour fouetter la crème.

2 Faites fondre le beurre à feu doux. Badigeonnez de beurre une feuille de filo, recouvrez-la d'une autre feuille. Badigeonnez à nouveau. Recommencez pour la dernière feuille. Coupez la pâte en quatre, puis chaque quart en trois pour obtenir 12 parts de pâte. Faites-les cuire 5 min jusqu'à ce qu'elles soient bien dorées.

3 Fouettez la crème fraîche au batteur électrique, pendant environ 1 min, jusqu'à ce qu'elle soit ferme. Faites fondre le chocolat blanc avec l'eau au bain-marie.

4 Dès que le chocolat est fondu, incorporez-y un tiers de la crème fouettée en mélangeant vivement. Incorporez ensuite délicatement la crème restante. Mettez au frais pour 30 min. Équeutez les groseilles.

5 Au moment de servir, montez les millefeuilles en étalant de la mousse au chocolat sur 4 parts de filo, puis répartissez par-dessus la moitié des groseilles. Recommencez pour monter le deuxième étage, puis terminez par une part de filo. Saupoudrez-les de sucre glace et décorez-les de quelques groseilles.

Millefeuilles de petites crêpes au chocolat au lait

Pour **4 personnes** | Préparation **20 minutes** | Cuisson **30 minutes**
Repos **1 heure (si possible)**
Difficulté ★ | Coût €

- 250 g de farine
- 50 cl de lait
- 3 œufs
- 4 noix de beurre
- 1 pincée de sel
- 4 cuil. à soupe de sucre en poudre
- 250 g de chocolat au lait
- Un peu d'huile pour la cuisson des crêpes

1 Versez la farine dans un bol. Ajoutez la moitié du lait en petit filet tout en remuant bien. Battez les œufs et incorporez-les au mélange. Faites fondre le beurre et ajoutez-le, ainsi que le sel et le sucre. Versez ensuite le reste du lait en remuant au fur et à mesure. Si possible, laissez la pâte reposer 1 h à température ambiante.

2 Faites chauffer une grande poêle antiadhésive, légèrement huilée, à feu vif. Versez-y une louche de pâte à crêpes et étalez-la bien. Quand elle est dorée, retournez-la délicatement et faites-la cuire jusqu'à ce qu'elle soit dorée de l'autre côté. Recommencez jusqu'à obtenir 5 à 7 crêpes. Entre chaque crêpe, huilez légèrement la poêle à l'aide d'un papier absorbant.

3 Découpez 24 disques d'environ 8 cm de diamètre dans les crêpes. Au moment de servir, faites fondre le chocolat au lait à feu très doux ou au micro-ondes. Montez les millefeuilles en alternant 6 disques de crêpe avec 5 couches de chocolat au lait.

Conseil Si vous n'avez pas de très grande poêle, faites cuire les crêpes dans une poêle plus petite. Il vous faudra réaliser plus de crêpes. L'objectif est d'obtenir 24 disques.

Millefeuilles façon Mont-Blanc

Pour **4 personnes** | Préparation **10 minutes** | Cuisson **1 heure et 30 minutes**
Difficulté ★ | Coût €

- 2 blancs d'œufs
- 1 pincée de sel
- 125 g de sucre en poudre
- 200 g de crème de marrons
- 1 bombe de crème Chantilly

1 Préchauffez le four à 100 °C (th. 3-4). Fouettez les blancs d'œufs en neige avec le sel. Quand ils commencent à former des pics, incorporez le sucre au fur et à mesure en continuant à fouetter, jusqu'à ce que le mélange soit bien brillant.

2 Couvrez deux plaques de papier sulfurisé. Étalez sur chacune d'elles 4 cuillerées à soupe de blancs d'œufs en forme de disques assez plats.

3 Mettez-les au four pour 1 h 30 de cuisson. Au bout de 45 min, échangez leur place dans le four. À la fin de la cuisson, vérifiez que les meringues sont cuites (elles seront encore un peu collantes au milieu, si vous les préférez plus sèches, prolongez la cuisson de 1 h). Laissez-les refroidir puis décollez-les délicatement du papier.

4 Au moment de servir, montez les millefeuilles en recouvrant 4 meringues de crème de marrons, puis posez dessus les 4 autres meringues et couvrez-les de crème Chantilly. Selon votre goût, vous pouvez mettre la crème Chantilly à l'intérieur des meringues.

Conseil Si vous préférez préparer une chantilly maison, fouettez 25 cl de crème liquide au fouet électrique jusqu'à ce qu'elle forme des pics. Ajoutez 50 g de sucre en poudre et fouettez rapidement pour l'incorporer.

Millefeuilles au café

Pour **4 personnes** | Préparation **20 minutes** | Cuisson **25 minutes**
Difficulté ★ | Coût €

- 2 rouleaux de pâte feuilletée
- 125 g de beurre
- 1 œuf
- 75 g de sucre en poudre
- 2 cuil. à café d'extrait de café

1 Coupez la pâte feuilletée en 12 disques d'environ 8 cm de diamètre. Faites-les cuire comme indiqué p. 5.

2 Écrasez le beurre avec une fourchette jusqu'à ce qu'il devienne très mou. Mélangez l'œuf et le sucre dans une casserole et faites chauffer à feu très doux en remuant, jusqu'à ce que le sucre soit fondu.

3 Versez en filet le mélange à l'œuf sur le beurre ; fouettez bien. Ajoutez ensuite l'extrait de café et remuez à nouveau. Quand le mélange est bien homogène, placez-le au frais pour qu'il se raffermisse.

4 Au moment de servir, montez les millefeuilles en alternant 3 rectangles de pâte avec 2 couches de crème au café.

Conseil Vous pouvez décorer ces millefeuilles de quelques grains de café en chocolat.

Millefeuilles croustillants à la rhubarbe

Pour **4 personnes** | Préparation **15 minutes** | Cuisson **20 minutes**
Difficulté ★★ | Coût €

- 50 g de beurre
- 65 g d'amandes entières
- 65 g de sucre glace
- 30 g de farine
- 2 cuil. à soupe de jus d'orange
- 200 g de fromage blanc en faisselle
- 2 cuil. à soupe de sucre en poudre
- 200 g de compote de rhubarbe

1 Préchauffez le four à 200 °C (th. 6-7). Écrasez le beurre à la fourchette pour qu'il devienne très mou. Hachez finement les amandes au couteau. Mélangez le sucre glace avec les amandes et la farine. Incorporez ce mélange dans le beurre mou jusqu'à ce que le tout soit très homogène. Ajoutez le jus d'orange et mélangez à nouveau.

2 Sur une plaque recouverte de papier sulfurisé, faites 6 petits tas du mélange en les espaçant au maximum car la pâte va beaucoup s'étaler à la cuisson. Enfournez pour 10 min environ, jusqu'à ce que les disques soient bien dorés.

3 Sortez-les du four et laissez-les bien refroidir avant de les retirer délicatement avec une spatule. Recommencez pour obtenir en tout 12 disques. Mélangez le fromage blanc avec le sucre en poudre.

4 Au moment de servir, montez les millefeuilles en étalant la compote de rhubarbe sur 4 croustillants. Posez 4 autres croustillants par-dessus, recouvrez-les de fromage blanc et terminez avec les 4 derniers croustillants. Vous pouvez superposer les couches au gré de vos envies.

Variante Vous pouvez remplacer la compote de rhubarbe par celle de votre choix : pêche, pomme, poire...

Millefeuilles à la mousse au chocolat et à l'orange

Pour **4 personnes** | Préparation **15 minutes** | Cuisson **25 minutes**
Difficulté ★ | Coût €

- 25 cl de crème liquide
- 3 feuilles de brick
- 50 g de beurre
- 2 oranges
- 140 g de chocolat noir
- 3 cuil. à soupe de sucre glace

1 Préchauffez le four à 150 °C (th. 4-5). Placez au frais la crème liquide, le bol et les ustensiles pour fouetter.

2 Coupez 4 carrés dans chaque feuille de brick. Faites fondre 20 g de beurre. Badigeonnez les carrés de brick avec le beurre, puis saupoudrez-les avec le sucre glace. Mettez-les au four pour 5 min de cuisson, jusqu'à ce qu'ils soient bien dorés. Procédez en deux fois si nécessaire.

3 Pelez les oranges à vif et séparez délicatement leurs segments. Coupez-les en petits morceaux.

4 Cassez le chocolat en petits morceaux et faites-les fondre avec le reste de beurre (30 g) au micro-ondes ou au bain-marie. Laissez tiédir. Fouettez la crème au fouet électrique jusqu'à ce qu'elle forme des pics. Incorporez-la délicatement petit à petit dans le chocolat.

5 Au moment de servir, montez les millefeuilles en étalant la moitié du chocolat sur 4 carrés de brick. Répartissez dessus la moitié des morceaux d'oranges. Recommencez pour former le deuxième étage et terminez avec un carré de brick. Décorez les millefeuilles de quelques quartiers d'oranges

Variante Vous pouvez utiliser des framboises à la place des oranges.

Millefeuilles de mozzarella, aubergines grillées et tomates fraîches

Pour **4 personnes** | Préparation **10 minutes** | Cuisson **20 minutes**
Difficulté ★ | Coût €€

- 2 aubergines
- 10 cuil. à soupe d'huile d'olive
- 4 tomates
- 3 boules de mozzarella
- 12 feuilles de basilic
- Sel, poivre

1 Préchauffez le four à 180 °C (th. 6). Coupez 12 tranches d'environ 1 cm d'épaisseur dans la partie la plus charnue des aubergines. Posez-les sur une plaque allant au four. Badigeonnez-les d'huile d'olive et salez-les.

2 Enfournez les aubergines pour 20 min de cuisson. À mi-cuisson, sortez-les du four, retournez-les, badigeonnez-les d'huile d'olive, et salez-les à nouveau.

3 Pendant la cuisson, coupez 3 tranches d'environ 1 cm d'épaisseur dans chaque tomate et 4 tranches de la même épaisseur dans chaque boule de mozzarella.

4 Faites chauffer 6 cuillerées à soupe d'huile d'olive à feu doux. Versez-y les feuilles de basilic. Retirez du feu et mixez rapidement.

5 Au moment de servir, montez les millefeuilles en alternant une tranche d'aubergine, une tranche de tomate salée et poivrée et une tranche de mozzarella arrosée d'huile au basilic. Recommencez pour obtenir 9 couches. Servez avec l'huile au basilic restante.

Conseil Choisissez de préférence une mozzarella au lait de bufflonne *(di buffala)*, elle sera vraiment plus savoureuse.

Millefeuilles d'avocat et de gambas, tuiles au parmesan

Pour **6 personnes** | Préparation **20 minutes** | Cuisson **20 minutes**
Difficulté ★★ | Coût €€

- 200 g de parmesan râpé
- 20 g de farine
- 2 citrons verts
- 4 avocats bien mûrs
- 2 cuil. à café de Tabasco
- 100 g de maïs en boîte
- 18 gambas crues
- 4 cuil. à soupe d'huile d'olive
- 6 brins de coriandre
- Sel, poivre

1 Mélangez le parmesan râpé et la farine. Faites chauffer une poêle antiadhésive à feu vif. À l'aide d'une cuillère à soupe, déposez le mélange au parmesan dans la poêle en formant des disques d'environ 6 cm de diamètre.

2 Laissez-les cuire jusqu'à ce que les bords des disques soient dorés et le fromage bien fondu. Retirez-les très délicatement de la poêle à l'aide d'une spatule et posez-les sur une assiette jusqu'à ce qu'ils durcissent. Recommencez jusqu'à obtenir 18 disques.

3 Pressez les citrons verts. Coupez les avocats en deux, récupérez leur chair et écrasez-la avec une fourchette. Versez le jus des citrons verts et le Tabasco. Salez et poivrez à votre goût. Ajoutez le maïs et mélangez. Couvrez avec du film alimentaire posé directement à la surface du mélange.

4 Décortiquez les gambas. Faites chauffer l'huile d'olive à feu vif dans une poêle antiadhésive. Versez-y les gambas, salez et faites revenir 3 min, jusqu'à ce qu'elles soient rouges et croustillantes. Égouttez-les sur du papier absorbant et coupez-les en trois. Effeuillez la coriandre.

5 Au moment de servir, montez les millefeuilles en étalant la moitié du mélange à l'avocat sur 6 tuiles au parmesan. Répartissez dessus la moitié des morceaux de gambas et des feuilles de coriandre. Recommencez et terminez avec des tuiles au parmesan.

Millefeuilles de tuiles au curry à la mousse de petits pois

Pour **4 personnes** | Préparation **20 minutes** | Cuisson **15 minutes**
Difficulté ★★ | Coût €

- 200 g de petits pois, frais ou surgelés
- 100 g de mascarpone
- 4 feuilles de menthe
- 4 cuil. à soupe d'huile d'olive
- 60 g de farine
- 1/2 cuil. à café de curry
- 25 g de beurre
- 1 œuf entier + 1 blanc
- Sel

1 Préchauffez le four à 200 °C (th. 6-7). Faites cuire les petits pois dans une grande quantité d'eau bouillante environ 5 min. Égouttez-les bien. Mettez-en quelques-uns de côté pour la décoration.

2 Dans le bol d'un robot, mettez les petits pois, le mascarpone, la menthe et l'huile d'olive, puis mixez-les. Goûtez et salez à votre goût.

3 Préparez la pâte à tuiles. Mélangez la farine avec le curry et du sel. Faites fondre le beurre et versez-le dans la farine. Mélangez. Ajoutez ensuite l'œuf entier et le blanc, et remuez bien à nouveau.

4 Sur une plaque recouverte de papier sulfurisé, versez 6 cuil. à soupe de pâte à tuiles bien espacées et étalez-les très finement avec le dos de la cuillère pour obtenir des disques d'environ 10 cm de diamètre.

5 Mettez la plaque au four pour environ 5 min, jusqu'à ce que les tuiles commencent à dorer légèrement. Surveillez la cuisson pour ne pas qu'elles brûlent. Laissez-les tiédir puis décollez-les délicatement. Recommencez pour obtenir 12 tuiles.

6 Au moment de servir, montez les millefeuilles en alternant 3 tuiles avec 2 couches de mousse de petits pois. Décorez avec les petits pois restants.

Millefeuilles au roquefort, au sauternes et à la poire

Pour **4 personnes** | Préparation **15 minutes** | Cuisson **20 minutes**
Difficulté ★ | Coût €

- 1 rouleau de pâte feuilletée
- 200 g de roquefort
- 80 g de beurre
- 4 cuil. à soupe de sauternes ou d'un autre vin blanc sucré
- 1 poire

1 Coupez le rouleau de pâte feuilletée en 8 parts de forme triangulaire. Faites-les cuire comme indiqué p. 5.

2 Dans un bol, mélangez à la fourchette le roquefort, le beurre et le sauternes jusqu'à ce que le tout prenne une consistance homogène.

3 Pelez la poire, coupez-la en quartiers. Retirez-en le trognon et coupez la chair en petits dés.

4 Au moment de servir, montez les millefeuilles en étalant la moitié du mélange au roquefort sur 4 triangles de pâte. Répartissez la moitié des dés de poire par-dessus. Recommencez pour obtenir un deuxième étage.

Conseil Vous pouvez servir ces millefeuilles froids, ou bien tièdes en les passant 5 min au four à 150 °C (th. 5).

Millefeuilles de pommes de terre, au fromage à raclette et à la viande des Grisons

Pour **4 personnes** | Préparation **10 minutes** | Cuisson **40 minutes**
Difficulté ★ | Coût €€

- 4 grosses pommes de terre
- 12 tranches de fromage à raclette
- 12 tranches de viande des Grisons

Pour accompagner

- Cornichons
- Petits oignons au vinaigre

1 Préchauffez le four à 160 °C (th. 5-6). Mettez les pommes de terre dans une grande casserole d'eau froide salée. Portez à ébullition et faites-les cuire entre 20 et 30 min, jusqu'à ce que la pointe d'un couteau s'enfonce facilement dans leur chair. Égouttez-les et laissez-les tiédir.

2 Pelez les pommes de terre. Coupez délicatement 3 grandes tranches dans chaque pomme de terre. Si vous le souhaitez, vous pouvez retirer la peau des tranches de fromage.

3 Montez les millefeuilles en superposant une tranche de pomme de terre, une tranche de viande des Grisons, une tranche de fromage à raclette, une tranche de pomme de terre, une tranche de viande des Grisons, une tranche de fromage à raclette, une tranche de pomme de terre, une tranche de viande des Grisons, etc.

4 Posez les millefeuilles dans un plat allant au four et enfournez pour 10 min de cuisson. Servez-les immédiatement accompagnés de cornichons et de petits oignons.

Conseil Vous pouvez également réaliser cette recette avec du reblochon.

Millefeuilles aux asperges vertes et au comté

Pour **6 personnes** | Préparation **15 minutes** | Cuisson **50 minutes**
Difficulté ★ | Coût €€

- 90 g de comté
- 2 rouleaux de pâte feuilletée
- 12 asperges vertes
- 3 oranges
- 20 g de beurre
- Sel, poivre

1 Râpez le comté. Coupez la pâte feuilletée en 18 rectangles d'environ 10 cm sur 5 cm. Faites-en cuire la moitié comme indiqué p. 5. Répartissez sur les rectangles de pâte la moitié du comté et repassez-les au four jusqu'à ce que le fromage soit bien fondu. Recommencez pour les 9 autres rectangles de pâte.

2 Coupez les asperges en deux dans le sens de la longueur, puis en deux dans la largeur. Zestez les oranges et pressez-les.

3 Mettez le beurre, le jus d'orange, les zestes et les morceaux d'asperges dans une grande poêle. Salez-les et faites-les cuire à feu moyen pendant 10 min, en remuant délicatement de temps en temps. Poivrez en fin de cuisson.

4 Au moment de servir, montez les millefeuilles en posant harmonieusement la moitié des asperges sur 6 rectangles de pâte, recommencez pour monter le deuxième étage et terminez avec les 6 rectangles de pâte restants. Arrosez avec le beurre d'orange qui reste dans la poêle et servez.

Conseil Vous pouvez utiliser des asperges vertes surgelées.

Millefeuilles d'artichaut au saumon fumé, crème fouettée à l'aneth

Pour **4 personnes** | Préparation **15 minutes** | Cuisson **5 minutes**
Difficulté ★ | Coût €€

- 8 fonds d'artichauts en boîte
- 4 cuil. à soupe d'huile
- 4 belles tranches de saumon fumé
- 4 brins d'aneth
- 120 g de crème fraîche épaisse
- 1 cuil. à café de raifort

1 Coupez délicatement les fonds d'artichauts en 2 tranches. Faites chauffer l'huile à feu vif dans une poêle antiadhésive. Faites-y revenir les tranches, environ 2 min par côté, jusqu'à ce qu'elles soient bien dorées. Égouttez-les sur du papier absorbant.

2 Coupez le saumon en petits dés. Effeuillez les brins d'aneth. Fouettez à la main la crème fraîche pour la rendre plus légère. Mélangez-y le raifort, les dés de saumon et les pluches d'aneth.

3 Au moment de servir, montez les millefeuilles en alternant 4 tranches d'artichauts avec 3 couches de crème au saumon.

Conseil Vous pouvez garder quelques dés de saumon et quelques pluches d'aneth et en décorer les millefeuilles avant de les servir.

Millefeuilles de saumon exotique

Pour **4 personnes** | Préparation **20 minutes** | Réfrigération **1 heure**
Cuisson **10 minutes**
Difficulté ★ | Coût €€€

- 500 g de saumon frais, sans peau et sans arête
- 1/4 de concombre
- 1/2 mangue
- 2 citrons verts
- 2 cuil. à soupe de nam pla ou nuoc mam (sauce asiatique au poisson)
- 1/2 tige de citronnelle
- 4 brins de coriandre
- De l'huile
- 8 petites galettes de riz pour faire les nems

1 Coupez la chair du saumon en petits cubes. Pelez le concombre. Retirez les graines et coupez la chair en petits dés. Pelez la demi-mangue et coupez la chair en petits cubes.

2 Zestez les citrons verts et pressez-les. Mélangez le jus avec le nam pla ou le nuoc mam. Coupez la citronnelle en très fines rondelles. Effeuillez la coriandre et coupez les feuilles en fines lanières.

3 Dans un saladier, mélangez tous les ingrédients sauf les galettes de riz. Réservez au réfrigérateur pour 1 h. Remuez de temps en temps.

4 Faites chauffer 1/2 cm d'huile dans une poêle à feu vif et faites-y légèrement dorer les galettes de riz sur les deux faces. Égouttez-les ensuite sur du papier absorbant.

5 Au moment de servir, montez les millefeuilles en alternant 2 galettes de riz avec 2 couches de saumon.

Variante Pour une version plus classique, vous pouvez remplacer les galettes de riz par de la pâte feuilletée cuite comme indiqué p. 5.

Millefeuilles aux poireaux et aux moules

Pour **4 personnes** | Préparation **10 minutes** | Cuisson **40 minutes**
Difficulté ★ | Coût €€

- 2 rouleaux de pâte feuilletée
- 1 jaune d'œuf
- 8 brins de ciboulette
- 6 poireaux
- 20 g de beurre
- 3 échalotes
- 2 litres de moules
- 4 cuil. à soupe de pastis
- 20 cl de crème liquide

1 Préchauffez le four à 200 °C (th. 6-7). Coupez 4 carrés, les plus grands possibles, dans chaque rouleau de pâte. Empilez-les deux par deux sur une plaque recouverte de papier sulfurisé. Badigeonnez-les de jaune d'œuf et mettez-les au four pour 10 à 15 min de cuisson, jusqu'à ce qu'ils soient bien dorés.

2 Coupez la ciboulette en petits tronçons. Retirez le vert et l'autre extrémité des poireaux. Coupez-les en très fines rondelles. Pelez les échalotes et coupez-les aussi en très fines rondelles. Faites fondre le beurre à feu doux dans une casserole et faites cuire pendant 10 min les poireaux et les échalotes après les avoir salés.

3 Faites chauffer une grande casserole et versez-y les moules. Retirez-les au fur et à mesure qu'elles s'ouvrent et décortiquez-les.

4 Au bout des 10 min de cuisson des poireaux, ajoutez le pastis et la crème et faites cuire 3 min, puis ajoutez les moules décortiquées et poursuivez la cuisson 2 min.

5 Montez les millefeuilles. Fendez les feuilletés en deux dans la hauteur. Versez les poireaux aux moules sur les bases. Parsemez de ciboulette. Recouvrez avec le haut des feuilletés. Servez immédiatement.

Variantes Vous pouvez aussi utiliser des pétoncles, des langoustines ou des coques.

L'éditeur utilise des papiers composés de fibres naturelles, renouvelables, recyclables et fabriquées à partir de bois issus de forêts qui adoptent un système d'aménagement durable. L'éditeur attend également de ses fournisseurs de papier qu'ils s'inscrivent dans une démarche de certification environnementale reconnue.

Direction : Jean-François Moruzzi
Direction éditoriale : Pierre-Jean Furet
Édition : Christine Martin
Correction : Marie-Charlotte Buch-Müller
Conception intérieure et couverture : Patrice Renard
Réalisation intérieure : MCP
Couverture : Bertrand Nicolle
Fabrication : Amélie Latsch

Dépôt légal : janvier 2008
ISBN : 978-2-0162-1106-9
62-66-1106-01-4

Impression : G. Canale & C.S.p.A., Turin (Italie).